Juan José González Ramil

Entre todo lo que es mío

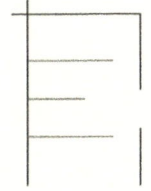

Ápeiron Ediciones

Juan José González Ramil

Entre todo lo que es mío

arte□facto

2024

1.ª edición, 2024

© Del texto, Juan José González Ramil
© Ápeiron Ediciones

C/ Príncipe de Vergara, n.º 132, planta 9
28002 Madrid
Tfno. (+34) 611 00 28 41
E-mail: info@apeironediciones.com
http://www.apeironediciones.com/

Diseño y maquetación: Ápeiron Ediciones
Imagen de portada: imagen de Joe en Pixabay

Papel procedente de fuentes responsables

ISBN: 978-84-128711-5-9
Depósito legal: M-13929-2024

MUÉSTRATE ETERNA

Muéstrate eterna, absoluta y alada,
grandiosa y solemne, casi sagrada,
en el tupido velo de mi memoria vaga
donde yo más te quiero, dentro de mi alma;
En mi rostro afligido por tu inmensa mirada
que vidriosa y tan tierna me lleva a rastras;
cuando despierto, cuando te apagas,
noche tras noche, aun así me acabas.
Desde cada esquina en que me acompañas
cuanto más te miro más me desencajas,
porque me dominas con cada mirada,
con toda esa vida que despierta al alba,
con cada segundo que noto tu calma,
que siento el silencio con el que me llamas
hasta ese destino que soñamos juntos
entre mil sonidos, minuto a minuto;
Desde esos tus ojos que saben a poco
veré el horizonte en el que te lloro
para al fin llenarme de tu miel más pura,
de todo tu karma, de tus ataduras.

SENTADO EN LA PENUMBRA DE LA NOCHE

Sentado en la penumbra de la noche,
en este sinsentido,
cansado y aturdido por las sombras,
cansado y confundido
intuyo vagamente un horizonte
bastante más oscuro
cargado de insolencia entre mis dedos,
vacío y absoluto.
Me faltas desde dentro, en lo profundo,
de eso estoy seguro,
cargado de negrura ese infinito
desdichado y nublo
con ánimo de ser mi losa y lastre
embargas mi mañana,
con ánimo de ahogar cada minuto
del tiempo que desde hoy sumo.
Te fuiste y yo perdí, más tu ganaste
todo ese amor tan puro
que tras tanto dolor ahora encontraste
junto a la luz del mundo
llenando por fin ahora ese vacío
que tanto daño te hizo,
derramada tu alma desgarrada
en el amor de tu hijo.
Toda una vida entera lo buscaste,
tortuoso peregrino,
cansada soportaste ese sendero
tras años mal sufridos;
busqué tus ojos secos y cansinos
en tu última mirada
y vi el reflejo de él sobre tu rostro,
acaso un leve brillo.
Abrázale sin par, sin sutilezas,

abrázale tan fuerte
como si vuestras almas despertasen
del sueño más silente.
Regálale tu amor sin ataduras,
ese que tu guardaste
durante tantos años de amargura
tratando de alcanzarle.
Regálale sin duda tu regazo
para acunar su esencia,
aquella que extraviaste tantos años
y que ahora al fin encuentras,
aquella que por fin te ha despertado
de tanto desaliento,
aquella que seguro que esperaba
tu eternidad de vuelta.

REENCUENTRO

Descanso, por fin, de tan largo trayecto,
descargo ese peso que asumí llevar,
aquí ahora respiro feliz a tu lado,
por fin hoy te encuentro, a mi lado estás.
No tengo memoria de aquella desgracia,
con el alma herida debí caminar,
una larga vida con tan crudo lastre
me obligó a sufrir, me obligó a callar.
Pero al fin te encuentro después del camino,
te he visto en mis sueños una eternidad
y al final del cuento, mi pequeño niño,
te tendré a mi lado por siempre jamás.

DE HOY EN ADELANTE

No te olvidaremos porque no te vas,
no te perderemos porque siempre estás.
Recuerdos eternos de nubes cautivas
que ataste en el cielo por siempre jamás.
Mil y una vivencias que afloran al alba
cuando entre sollozos te veo al despertar
serán el sendero en que tú nos guías
en este camino que hoy he de empezar.
Todo tu semblante reflejará eterno
ese cielo nuevo que debo mirar
entre tantos sueños que me regalaste
en el día tras día que dejaste atrás.

HOY HAS DECIDIDO EL FINAL DE TU HISTORIA

Hoy has decidido el final de tu historia,
todo ese trasiego que llegó hasta aquí
cargado de nubes, de soles y sombras
que fueron surgiendo del principio al fin.
Hoy te siento cerca estando tan lejos,
te llevaste mi alma antes de partir,
recuerdos afloran de cuando era niño,
añoro nostalgias que saben a ti.
Te veo en mi retina en tantos rincones
sintiendo el silencio que te hizo partir
que encuentro mil cielos en el horizonte;
Cuanto más te busco más te encuentro en mí.

TE VAS

Entenderé que te vas tras toda una vida,
que el tiempo acabó cargado de espinas
del rosal florido que al fin se marchita.
Toda esa pureza que tú reflejaste,
todo ese futuro que dejas delante,
toda tu dulzura cargada de mimo
que como la espuma se fue como vino
será tu recuerdo en nuestro trayecto,
será ese legado que llevamos dentro
llenos de tu hechura y de tanto anhelo
que este nuevo viaje, tu nuevo sendero
nos deja en la bruma, en el desconsuelo
de aquel que comprende que llegó el invierno,
el frío y la penumbra, el páramo inmenso,
la tristeza pura, tu amargo silencio.

COMENZAR

A partir de hoy bailarás con nubes,
dulcemente libre, suave, sin gritar,
casi soñarás con todo ese cielo,
con ese horizonte que es la eternidad.
Sentirás tu aliento cada vez más nimio,
tus viejos silencios al fin acabar;
Soñarás con vientos cargados de olvido
que tu viejo bote verán naufragar.
Desde hoy te diviso plena, omnipresente
en cada mañana en que despertar,
en todos mis tiempos, mis luces y sombras,
en cada camino que he de comenzar.
Desde hoy saboreo los ratos contigo,
todos esos mimos que quedan atrás,
serán los recuerdos de toda una vida,
de tanta memoria que quiere llorar.
Son nuestras historias cargadas de voces
las que me iluminan desde donde estás,
las que me dan fuerza desde tu horizonte
para que así el mío sepa a dónde vas.

CALMO

En la infinita paz de este crepúsculo
con el sol del ocaso ante los ojos,
con la paz de la noche en mi retina
me siento calmo,
buscando entre el silencio sensaciones,
cada minuto que me absorbe,
tanta simpleza,
tal pureza entre rumores
que un arrebato
cargado de calor y de sudores
se me derrama en miles de sentencias
que buscan plenitudes
con toda su esencia,
sosiego en mi mirada,
victorias intensas,
sensaciones y anhelos
que mi alma se llevan,
un umbral de quietudes
que de golpe me llegan,
que amanecen al alba
tras la noche negra.
Es tan místico el aire
que mi piel aquí absorbe
tan etéreo bagaje
que disipa mi nombre,
que el desear cada día
admirar tal hazaña
me acaricia la vida
solo viendo el mañana
y al sentir que soñarla,
solo ver que me embarga
es mi fe en las caricias
de esas brisas que me hablan.

MEMORIA

Hoy no sé cómo expresar la pesadumbre,
semejante desconsuelo acumulado
en cada uno de los pálpitos oscuros,
del dolor desparramado,
de las lágrimas cautivas,
del desánimo pausado
que solo él puede causar en nuestras vidas.
No sé cómo desistir del arrebato,
de la pérdida incurable que es tu vida,
ese filón con que llenabas tanto espacio
y que ahora me vacías.
Tu silencio será extraño,
mas tu aurea desprendida
será eterna en mi horizonte iluminado.
Solo espero que esta nueva singladura
te dirija hacia ese mundo que deseas,
que navegues hacia el sol con tu aventura,
la que busque tu alma eterna,
sin temores ni ataduras,
descarado omnipresente. ¡A toda vela!

REBECA

Cuando el tiempo se desliza entre los dedos
y nos muestra cuán pesada es la distancia,
cuando todo lo que es nuestro está tan lejos
y nos falta algo de amor cada mañana,
cuando sientes que te falta tanto aliento
y que tus alas se te han vuelto tan pesadas
sentirás que no vislumbras el momento
que se busca cuando dentro no hallas nada.
Solo entonces has de ser como los dioses,
tan entera que no existe el sufrimiento,
solo así verán en ti todo tu esfuerzo
y el camino desde el cual tu voz encuentro.
Porque sí, querida niña, aunque estés lejos
tu voz suena cual regalo en este infierno,
porque solo algunos ángeles eternos
tienen música en su voz, mágico aliento.
Pero tú, querida niña, casi a un tiempo
capaz eres de acallar hasta el silencio,
con un solo susurrarme desde dentro,
con un único y fugaz recogimiento,
esa voz que emite al alma mil reflejos
volará hasta el infinito y aún más lejos.
Solo tú puedes hacer llorar al viento,
solo tú emocionarás al mismo cielo,
solo tú puedes sentir el firmamento
al que has llegado desde tanto desaliento.

SI PUDIESE

Si el alma pudiese hablar,
si se ocultara el silencio,
si pudiese caminar
sobre las olas del tiempo,
si pudiese aprovechar
los minutos de descuento
que nos quedan por andar
en tan vasto firmamento
para echar la vista atrás
y desandar el sendero
de tanta infelicidad
que tras los años heredo,
viviría cada segundo
como si fuese una vida,
como si un grano de arena
fuese la flor más bonita,
como si el aire soplase
en la brisa más cautiva,
en cada brizna de amor
que deslumbra mi retina,
como si cada momento
se escapase muy deprisa,
como si eterna esa luz
empapara mi día a día.

REALIDAD

Esta será mi antesala, parte de aquello pasado,
causa de lo que me exprime cuando lo busco y no lo hallo.
Esto es en parte mi llanto, es mi memoria frustrada,
todo el esquivo legajo de viejos recuerdos atados.
Es lo que escapa en el tiempo cuando pretendo encontrarlo,
letargo casi perpetuo bajo silencios amargos.
Es lo que extraño presiento cuando dudo, cuando callo,
cuando arrastro tan cautivo mi pretérito legado.
Siento mi tiempo abonar los negros prados del miedo,
cuando al mirar atrás encuentro lo que no quiero,
desilusiones que anuncian la derrota de mis sueños,
de viejos anhelos callados que percibo allá a lo lejos.
Perdida historia iniciada con mi primer desconcierto
que llega a su fin más amargo cuando me pierdo por dentro,
cuando escarbo en mis demonios para buscar lo que siento,
cuando encuentro que yo mismo no soy el que aquí me
[encuentro.

CADA MINUTO QUE VIVO

Cada minuto que vivo,
cada momento en que extraño
todo el paso de mi tiempo
que tras mi tiempo yo paso;
Todo el sentido convulso
de todo aquello que he amado
que ha pasado por mi vida
cual si no hubiese pasado;
Cada minuto que vivo
ese tiempo que me invade
es un minuto perdido
que acaba por derrotarme.
En él me siento vacío,
arrastrando tanto lastre
que solo mi ser vencido
se me muestra con detalle.
Es un pedazo de infierno
en el que yo me deprimo
y me engulle desde dentro
tan convulso, solo y nimio
que desgraciado me encuentro
en los momentos de hastío
que abarrotan mi recuerdo
cada minuto que vivo.

CANSADO

Me siento en tan poca estima
cuando me escucho mi llanto
que olvido casi mi nombre
cuando intento pronunciarlo,
cuando me llamo a mí mismo,
cuando me busco despacio
dentro de este pedacito
de mundo que me ha tocado.
Siento sonar tantas voces
en mi cabeza gritando
que busco solo rumores
para poder soportarlo.
Solo quiero que esos días
en que me siento agotado
desaparezcan deprisa,
me dejen vivir despacio,
recuperar la alegría
que pierdo cuando a su paso
se me marchitan las flores
rompiéndome en mil pedazos
los finos pétalos blancos
que rozan suave mis manos.

DEFRAUDA

Hoy siento mi espacio más viejo y cansado,
perdido, dudando si andar más despacio.
Pausado y sin prisa, me siento agotado,
pasada mi vida, ni cuenta me he dado.
Cargado de sombras y buscando claros
en cada mañana en la que renazco
agoto los pasos que me regalaron
cuando aún siendo niño soñaba descalzo.
Soñaba en historias con tanto arrebato,
tan llenas de euforia, con tanto descaro
que casi sin tiempo de ver el pasado
hoy me he dado cuenta que nunca llegaron.
Me siento aquí arriba de nuevo pensando
en aquellos sueños que ya se apagaron,
esa letanía que amarga mi llanto,
que me vuelve loco, que me ciega tanto.

GUERRA

Contengo ahogado el aliento
cuando denoto el espanto
de tanto dolor desgarrado
bajo un cielo tan pequeño;
Siento que estallo por dentro
cuando percibo ese llanto
que abriga tanto silencio
que el odio muerde mi mano.
Veo toda esa injusticia
desparramada y desnuda
tan embriagada en su ira
que su sombra me desnuda,
que destapa ese dolor
que escupe nuestra locura
arrastrada por demonios
de tan pérfida amargura.
Lloramos todos los días,
lloramos casi sin llanto,
callados bajo el estruendo
de tan sórdido epitafio.
Es el final del principio
de tan viejos arrebatos,
cargados de hipocresía
y envilecidos de antaño.
Es el inicio de un sueño
descarnado y sin sentido
que forjaremos callados
con el corazón herido,
del que millones cautivos
de toda esa indiferencia
volarán hacia un exilio
que removerá conciencias.

SENDA

Qué cerca te siento;
Con suaves caricias te busco y te encuentro.
Eres tú mi cielo
cuando mientras duermes me roza tu aliento.
Qué placer tan grato
cuando tu inocencia me busca a tu lado.
Cuanto amor encuentro
al verte arropada bajo mi regazo.
Qué inocencia pura
encuentro día a día cuando tú me buscas.
Siento que me inundas
cuando entre tus juegos palpo mil locuras.
Qué feliz me has hecho
desde que llegaste tan llena de vida
con esa mirada
que embarga día a día toda mi ternura.
Hoy casi percibo
la musa perfecta con el alma pura.
Desde aquí concibo
la mano inocente de cada diablura.
Hoy siento el susurro
del aire más puro entre la calima,
que con tanto embrujo
me enseña el camino entre la espesura.

SÍGUEME MÁS

Sígueme, no te pares,
saboréame dulcemente,
compárteme más, si cabe
tan entero, tan presente,
tan blanco como la espuma
cuando las olas se mueven,
tan libre como los vientos
sobre montañas de nieve.
No me busques en las sombras
porque quizá no me encuentres,
porque mis hábitos blancos
reflejan el sol naciente,
porque busco amaneceres
en los senderos que sigo,
porque ahora estoy seguro
de que encontraré mi sino.
Porque el alma desgarrada
me separa del camino
cada vez que encuentro el alba
con mi corazón partido,
porque amanece mucho antes
si entre mis pasos percibo
que el mar refleja en el aire
cada minuto que vivo.
Por tanto estoy tan seguro
que ver todo tan sencillo
me hace vivir mi mundo
al ritmo de mis latidos,
que siento todo el embrujo
que paso a paso palpito,
para sentir cada impulso
en que me encuentro cautivo.

SIGUES FALTANDO

Te recuerdo cada día
en silencio, muy pausado,
intimando ese momento
que con el tiempo he guardado,
te recuerdo en mi regazo
cada sueño en que te veo
acurrucada en mis brazos
con tu calor en mis dedos.
Fue tu vida en parte mía,
tu corazón mi sustento,
tu mundo absorbió mi vida
hasta hacerse casi eterno.
Tu dulce mirada esquiva
se convirtió en mi tormento
cuando te fuiste de mi alma,
cuando te fuiste tan lejos.

SONETO

Dominas la espesura de mi vida
tal cual si en mi resaca una ola fueras,
sumiso al viene y va que tú manejas
me siento una veleta cada día.
Me meces como a la hoja la tormenta,
conviertes cada rama en una astilla,
cansado y aturdido me dominas
hilando y deshilando tu madeja.
Será esa la mentira más cautiva
en tanto mi trasiego se sincere
con todo lo que vivo tras tu vida.
Tendrás cada mañana en cada esquina
efímeros recuerdos que si quieres
serán de nuevo el mar de tu deriva.

PEREGRINO

Hoy entiendo cuánto extraño
lo que caminando hallé
en un lejano pasado
de tardes, de sol y sed.
Comenzó en un día nublado
mirando al amanecer,
cargado con ese peso
del viejo ser o no ser.
Paso a paso, desmigando
todo el pasado que fue
tuve tiempo a recordarlo
para intentar comprender.
Fue un breviario de mi vida
cada jornada de a pie,
caminando mi camino,
el hoy, mañana, el ayer.
Encontré mi yo en mí mismo,
quizá por primera vez,
hurgando en el horizonte
del alba al atardecer.
Hoy lo recuerdo entre orballo,
con el alma a contrapié
buscándome entre la bruma
para encontrarme otra vez.
Entre colinas y llanos
sopesé lo que arrastré,
el pasado que he buscado
y aquel echado a perder.
El camino hacia Santiago,
mi errático acontecer
que con mi lastre cargado
a mis espaldas dejé
ha sido un camino largo

en que por fin me encontré
cuando al hollar Santiago
mi yo volvió a amanecer.

CAMINO

Hoy recuerdo mi camino,
aquel sendero primero
donde encontré mi principio
reflejado en el silencio.
Llevé conmigo el destino
que quise sentir perpetuo
desde el borde de mí mismo
por aquellos derroteros.
Quise quizás ver de lejos
la deriva de mi aliento,
cada final de mi vida
desde todos mis comienzos,
quise encontrarme conmigo
en las sombras que sostengo
y en cada luz que amanece
y en cada sueño que encuentro,
pero el camino es tan tosco,
tan abrupto su trasiego
que la cruda penitencia
me devuelve a mis adentros.
Solo la luz desde el alma,
aliento de mi tormento,
me eleva cada mañana
del pozo de mi reflejo.
Solo con esa esperanza
que me da lo que más quiero
me encaramo a la atalaya
desde la que toco el cielo.

VUELVO

He despertado de un sueño,
gelatina entre mis dedos,
sabor a soles inmensos
entre penumbras y miedos.
He renacido de nuevo
de tanto gris casi eterno.
Durante pocas jornadas
he sido niño de nuevo.
Me he sentido tan entero
cabalgando sobre el viento
que mi conciencia dormida
recuperé por momentos.
Volví a susurrarle al viento
tras tantos años de invierno
que me he sentido tan vivo
como desnudo por dentro.
En la cúspide del mundo,
entre sollozos y esfuerzo,
en el báculo infinito
del más mágico momento
encontré mi yo en mí mismo
tal cual fue mi yo primero,
aquel en el que me hablaban
los sueños que hoy se durmieron.

TE AÑORO

Hoy te siento porque añoro aquellos días
cargados de presencia,
tan llenos de tu esencia
que esclava siento mi alma en carne viva.
Hoy pienso cuánto cuesta
llenar todos los huecos que dejaste
con todo aquel recuerdo que me invade
al ver cómo te alejas.
Hoy quiero iluminar cada alegría,
las cosas que vivimos,
los versos más queridos
de todo cuanto hicimos día tras día.
Hoy solo será un día
pues falta cada parte de ti misma
capaz de ser el fondo de mi vida
que vuelve a estar vacía.
Y así hoy, y así mañana, y cada día
será mi cautiverio,
serás mi acompañante omnipresente
en todo el transcurrir de esta partida.
Serás pues ahora el más fiel compañero
del lánguido trasiego penitente
que solo y en silencio
me vuelve peregrino en esta vida.

EN LA NEGRURA EN QUE VIVO

Si en la negrura en que vivo
la oscuridad me ha perdido,
si en el pozo en que he caído
el dolor ya me ha vencido;
Si rebuscando en mis miedos
no te encuentro en mi camino
entonces pienso que el alma,
en un momento de olvido,
se confundió de mirada
entre mis pasos perdidos.
Cautivo de tus llamadas,
tus sonrisas y tus mimos,
te perdí aquella mañana
en que borraste el destino
que los años me labraron
en tanto tiempo contigo,
descalzos de la ternura,
de aquellos miedos dormidos
que ambos nos regalamos
en las vidas que vivimos,
en los pasos que hemos dado,
entre llantos y delirios,
los que busco ahora callado
en la negrura en que vivo.

CONFUNDIDO

Intrépido y aguerrido
mi corazón escapa
cada vez que estoy dormido
hacia la cima más alta.
Loco de atar, forajido
de la noche negra y larga
se marcha entre bambalinas
para volver con el alba.
Pobre lunático ciego
que no entiende que sin alma
los sueños en que deliro
no pertenecen a nada.
Pobre latido perdido
entre pisada y pisada
si acaso sigo dormido
cuando travieso se escapa.
Porque solo cuando el sueño
se pierde tras mi mirada
empieza con las diabluras
todo el ser que me acompaña.
Porque solo si despierto
y cada instante me llama
mi corazón cautivo
puede volar a sus anchas.

VICENTE Y YO

Después de tantos años
añoro los recuerdos,
aquellos que soñamos,
los mejores momentos,
añoro cada instante
en que estuvimos juntos,
las heridas amargas,
los tiempos más puros,
cuando acompasaban
las almas el tiempo
y el ímpetu manaba
entre cada aliento.
El mar de aventuras
que allí reflejaba
la inconsciente locura
que aquello nos daba
nos hacía infinitos,
cargados de magia,
pedazos de un mundo
que es pura nostalgia.

SOLEDAD

Cuánta soledad conlleva el silencio,
desbordante y oscura me devora entero,
extensa llanura del páramo inmenso
en que veo entre brumas lo que más deseo.
Me siento ofuscado, casi sin aliento,
sentado en las nubes que me envuelven dentro,
soñando lugares que solo presiento,
lugares que añoro solo en mi recuerdo.
Encuentro en sus fauces mi yo más secreto,
la añorada espuma del mar de mis sueños,
de míticas cumbres de cada mañana,
de tantos anhelos que mi vida calla.
Encuentro entre sombras, callada por dentro,
esa mi otra vida que emerge a lo lejos,
la que fugaz tuve en algún momento
de cada día a día en que voy viviendo.

DENTRO

Qué me acecha y qué me acaba,
qué surge de mis adentros
como la luz desde el alba
o la luna cuando duermo.
Cuál es el fin de este cuento,
ese final que me alcanza
al buscar mil argumentos
y no encontrar ni esperanza.
Cómo duele el desconsuelo
que me arrastra en la resaca
del mar en que me sostengo
vacilante entre las aguas.
Me abruma tanto el silencio
en que mi mundo se arrastra
que me abarrota el sentido
cada segundo que pasa.
Con el paso de mi tiempo
se diluyen mis mañanas
abocándome al olvido
bajo la luz que se apaga.

POR QUIÉN

Será por mí, será por ti,
por quién derramo nostalgia,
tanta que fluye de mí
cuando de mí te separas;
Será por ti, será por mí
lo que sufro cuando faltas,
lo que he llorado por ti
en ocasiones amargas.
Será por mí, será por ti
todo lo que te echo en falta,
lo que ya no encuentro aquí
cuando toda tu mirada
desaparece de mí
entre las sombras calladas
vagando, pobre de mí,
entre penurias y rabia.
Seremos ambos, al fin,
todo pasión entregada,
la que quizá yo no fui
tú sí lo serás, mi magia.
Seremos ambos aquí
el collado entre montañas,
el horizonte sutil
que perpetuo nos alcanza.

SABORES

El sabor que se derrama
de las cosas más pequeñas,
de todo segundo intenso
y de su simple cadencia,
de aquello que es cotidiano,
que solo sirve de esencia
cada vez que me levanto
cada mañana que empieza,
el de las tibias promesas
con intenciones baldías
que presume de inocencia,
que da razón a mi vida,
es el sabor que en los labios
me desarbola la vida
me traslada entre bocados
y me cautiva día a día,
el que fue dulce en la boca,
tan sabrosa su caricia
que la recuerdo lejana
entre jolgorios y risas,
el que de niño llevamos
atado a nuestra mochila
y de viejos añoramos
como las almas perdidas.

PERDIDOS

Entre corrientes tortuosas,
escorado hacia poniente,
engullido por la espuma
de tanta mar indolente
naufragaste entre mis olas,
entre los vientos del este,
entre todas las derrotas
en las que busco sin verte.
Solo anhelo reencontrarte,
sentir tu mirada al frente
en el mar que navegamos
en la brisa que nos mece,
solo intento sostenerme
en tan ínfimo presente
hasta que toda tu esencia
entre las olas me encuentre.
Solo quiero devolverme
al mar calmo que amanece
entre toda esa penumbra
cuando por fin vuelva a verte.

DÍA A DÍA

La cordura es mi tormento
esa piel amarga
en la que el silencio
siempre me acompaña,
espacios dormidos
entre pena y rabia
y el miedo escondido
tan hondo en el alma
que un solo chasquido
sin mediar palabra,
casi cual gemido
que el murmullo acalla,
destapa felino
la turbia mirada
con la que yo vivo
cuando cara a cara
me siento cautivo
de cada mañana,
del gris en que lento
mi tiempo se pasa.

QUIZÁS ALGÚN DÍA

Quizás algún día, quizás muy lejano,
te extrañaré entera, tu aliento, tus manos,
tus risas ocultas entre llanto y llanto,
toda esa locura que corrió a mi lado.
Extrañaré tanto todo lo que amamos,
toda aquella vida que juntos hurtamos,
que viejo y cansado sentiré tus manos
en cada silencio que encuentre a mi lado.
Sentiré al pasado susurrar callado
cada nuevo día, con tanto descaro
que al rozar la noche, en el mismo ocaso
buscaré tu nombre, solo por soñarlo.
Veré las mañanas llorar con tal llanto
las viejas heridas de los viejos años
que henchidas de envidias de aquellos pasados
vuelven cada noche quizás a buscarnos.

ARREPENTIDO

Hoy siento que apaciguo la palabra,
el tiempo, la intención, cada premisa,
la parte que sentencia cada día
el fondo de mi vida apresurada.
Renazco en la mañana entre cenizas
capaz de resolver cada batalla
y poco a poco cedo en mi osadía
de ser el caballero de mi espada.
Hoy soy cautivo y rehén de mi desidia,
de tan fatuo valor que se me apaga
que nace al despertar cada mañana
y escaso se promete al mediodía.
Me siento vulnerable en mi rutina,
derroche de la culpa más amarga
silencio de la euforia arrebatada
que arropa desde dentro mi agonía,
y pienso que el valor que me faltaba
hubiese sido pura dinamita
si todo lo luchado cada día
me diese aquellas fuerzas que deseaba.

AVÍSAME

Avísame cuando mi tiempo acabado
permita poder recordar el camino,
las historias, el tiempo, el niño que he sido,
la vieja memoria que me has regalado,
cada uno de todos los pasos que he dado
que en este bagaje fueron mi camino
llenando de vida mi tiempo vivido
con tantas locuras que saben a tanto.
Avísame cuando desees que a tu lado
me llene tu luz cuando yo te miro,
que al fin acabado tan duro camino
me encuentre por fin todo mi pasado.
Quiero que la paz me coja la mano,
llenarme de todo lo que siento mío,
soltar tanto lastre y que solo y vacío
inicie ese viaje al que me has llamado.

COMIENZO

Hoy siento que soy ajeno
a todo cuanto he guardado,
a aquella vida que dejo
entre los pasos de antaño,
hoy me siento un hombre nuevo
que navega más despacio
buscando nuevas quimeras
cada vez que me levanto,
hoy siento brotar distinto
el fulgor que me era extraño,
la suave voz del destino
que encuentro aquí tan lejano.
Hoy siento que mi camino
siempre cual encrucijada
se torna recto y continuo
ante mi nueva mirada,
hoy no me siento cautivo
de aquella vida apagada
que caminó conmigo
cuando tan ciego me hallaba,
hoy al fin, como un suspiro,
entre mañana y mañana
descubro aquello escondido
que en mi zurrón ocultaba.

CREO

Siento que sin ti
palidece mi alma,
encontrar quizá al fin
lo que tú me enseñabas
me fuerza a vivir
de nuevo mañana.
Entiendo que existo
casi entre dos aguas,
al filo de aquello
que escucho en voz baja,
que busca la vida
que antaño deseaba
y que día tras día
siento que se acaba.
Creo que los años,
sin mediar palabra,
rompen nuestros sueños
y nos dan la espalda,
empujan anhelos
que antaño encontraba
hacia mil infiernos
que ahora se delatan.

CUANDO LLEGE MI NOCHE

Cuando llegue mi noche,
cuando alcance la hora,
cuando el viejo horizonte
me secuestre en su alcoba,
cuando sienta que mi alma
entre nubes y sombras
vea que el sol de mañana
a mi puerta no asoma,
quiero dejar mi mundo
entre lechos de colores,
saber que muero desnudo
de tristeza y sinsabores,
hacer que todo mi tiempo
me recorra un ratito
para encontrar todo aquello
que dejará de ser mío,
para entender el momento
desde ya definitivo,
para vivirme de nuevo
en mi yo más infinito.
Querré sentir más profundo
los minutos que he vivido,
todo aquello que ya asumo
que dejaré convencido,
y pienso que entonces mi alma,
cuando entienda que ha partido,
comenzará de la nada
ha forjar ese camino
que bajo nuevas miradas
me atribuye mi destino,
para volver a la calma
que entre la bruma he perdido.
Ha de ser este aquel alba

que entre sollozos suspiro,
capaz de ser el mañana
de mi ser, el que yo elijo,
he de sentir la llamada
de mi silencio cautivo
que me dará lo que falta
de lo que habré merecido.

CUMBRES

Toda la vida que tengo
se sustenta en pocas alas,
solo disfruta del vuelo
en unas pocas jornadas,
tanta rutina me encuentro
en tantas horas pasadas
que los huecos en que vivo
enriquecen toda mi alma.
Siento que todo ese ego
que busco cada mañana
lo encuentro aquí, bajo el cielo
sobre la cima más alta;
Es todo cuanto poseo
lo que abarca mi mirada
y me retumba entre sueños
en mis horas cotidianas;
Es el aire, el crudo viento,
y esa ternura tan blanca
todo aquello que aquí siento
hasta perder casi el habla.
En sus aristas osadas
en las que pierdo el aliento
tengo todo cuanto falta
cuando derroto mis miedos.
Es la libertad que mana
del éxtasis del momento
la que me lleva en volandas
entre tanto firmamento.
Son sus gárgolas nevadas,
sus cumbres casi en el cielo
las que derrotan mi vida
cada vez que las encuentro.
Toda esa paz que me invade,

la que me envuelve por dentro
es cuanto quiero encontrarme
para ser un hombre nuevo.

EDAD

Oh, edad,
lapiaz de censuras veneradas,
oscuro eremitorio
capaz de ofuscar toda mi alma
y el moribundo arrojo.
Es todo ese desaire el que deshace
aquello que ahora añoro,
rozando con su sombra,
que pasa sin retorno,
mi yo que voy perdiendo entre sollozos.

DESPEDIDA

Te fuiste un día de verano
para volver a su lado.
No encontraste a donde asirte
y te aferraste a su mano,
la que compartió tu vida
y te llevo tras sus pasos,
la que anhelaste con prisa
tras dejarme un mes de mayo.
Te fuiste sin despedirte
tan deprisa que, si acaso,
la sombra de esta desdicha
se quedará entre mis manos.
Cuántas risas presurosas,
cuántos jolgorios a ratos
rescatarán tantas horas
como memoria has dejado.
Cuánto habremos de llorar
ese tesoro de antaño,
ese legado de vida
que tu muerte se ha llevado.

DI MI NOMBRE

Di mi nombre, te lo ruego, di mi nombre,
haz al menos que el ocaso no me arrope,
que tu luz refleje limpio mi horizonte,
di mi nombre, solo es eso, di mi nombre.
No veo dónde entre mis miedos te me escondes,
entre todos mis desnudos interiores
usurpándome el espacio sin rubores
en que vive mi amargura cada noche.
Solo quiero que arrebates sin reproches
tanta sombra entre la luz que tú derroches,
todo aquello que me rompe desde entonces,
di mi nombre, te lo ruego, di mi nombre.
Sé que quieres que tu viento no se note,
si te busco yo no siento que me roces,
día tras día, en mí tu sol ya no se pone,
sin tu luz no existe luz que yo ambicione.
Di mi nombre, por favor, solo mi nombre,
llena todo lo que anhelo de emociones
al saber que cada lágrima que llore
dejará correr en mí tus mil colores.

EN EL POZO

Siento que me sobra la desidia,
su trato más amargo,
el pérfido dolor que cada día
arropa mi relato,
fracasado trayecto tan vacío
que perdido anhelaba
con cautivos pasos silenciados
por tanto que me falta.
Me siento desolado todavía
por todo lo pasado,
por tanto que atosiga mi mañana
cual oscuro epitafio,
letanía de pobres nimiedades
que así minan mi mente
dragando incluso el fondo de mi ruina
que el tiempo así enmudece
hundiendo los cimientos de mi vida
que llora tristemente
para derrumbarme poco a poco, brizna a brizna
hasta el fin más inerte.

ESCLAVO

Tanto te siento cuando siento ser tu esclavo,
con tanto amor con que te encuentro tan adentro,
que tengo tu alma atenazada entre mis dedos
y solo siento que te anhelo a cada paso.
Tanto te encuentro cuando vuelves a mi lado
llena de luz, toda dulzura, todo aliento
que esa inocencia que derramas entre juegos
me hace cautivo de la voz que yo te he dado.
Desde hoy serás mi caminar en el camino,
todo ese umbral en que te encuentro en mi destino
ligado al son de la cadencia de tu encanto.
Desde hoy serás casi mi esencia, ese badajo
que ahora me marca mi rutina en tu escenario
vencido ya por tus derroches de cariño.

FUNDIDOS

Qué feliz eres, cuánto me tienes,
con tanta luz y cuánto me puedes,
con toda esa paz y con tanto arrojo
y esa mirada que me vuelve loco.
Cuánto te quiero y cuánto me quieres,
te echo de menos tanto al no verte
que cada segundo en el que te arropo
lo anhelo infinito como un tesoro.
Quiero que el tiempo que hoy se detiene
lo haga de nuevo y tan de repente
que casi sintamos como uno solo
que somos los dueños uno del otro.

HUIDA

Cuando huiste de esta tierra atormentada
abriste un hueco que llenar, triste canalla,
dejando incierto un devenir de tiempos nuevos
con recuerdos que vagando se me apagan.
Tras tantos años hoy sin ti camino a rastras,
sigo viviendo entre las sombras acalladas
que me nublan el sentido en que me muevo,
que me apagan el vivir que anhela mi alma.
Eres la parte del pastel que siempre falta,
pero eres tú, yo ya lo sé, el que me acompaña,
el que recoge los pedazos en el suelo,
el que es eterno y será mi ángel de la guarda.
Por eso siento que seguro y bien asido
puedo pedirte sin tapujos y sin miedos
que seas mi yo dentro de mí, que seas mi tiempo
cada minuto que vivir lo que persigo.
Por eso siento que entre tú y mi yo en mí mismo
serás la parte que más se oye del concierto
serás siempre el enemigo del destino
que siempre arroja combustible al sufrimiento.

LÁGRIMAS NEGRAS

Me inunda tanto lamento
de negra tierra quemada,
tan oscuro olor a infierno
tras tantas horas amargas.
El susurro, el desconsuelo,
el silencio en la mirada
me retratan desde dentro
entre lágrimas de rabia.
Verdugo en su tiranía
con el fuego como espada
derrota tanto a la vida
que me llega a las entrañas
dejando desnudo el día
y la noche tan velada
que con el alma sin vida
amanece mi mañana.
En el fracaso más necio
con tanta desesperanza
evocando los recuerdos
de nuestra infancia lejana
me encuentro con mi lamento
ciego y torpe entre las brasas,
tarde ya quizás el tiempo
de gritarle al mundo basta.
Cuán oscuro el agujero
al que sin miedo me arrimo,
cuán escaso es mi albedrío
cuando lo encuentro vacío,
cuando me muestra el futuro
sin sendero ni destino.
Cuán míseras sus entrañas
entre el tizón encendido,
los rescoldos de las llamas

y los barrancos vacíos.
Las negras sombras absurdas
de bosques ennegrecidos
desvelan ese futuro
al que afanamos asirnos,
derroteros de penurias
y herencia de nuestros hijos.

MANOLO

Yo no sé dónde estarás
pero seguro que cerca,
estimo inútil llorar
por los recuerdos que dejas.
Serás parte del calor,
de las lluvias que nos riegan,
de los árboles, su olor,
las campiñas y veredas.
Serás silencio sin voz,
la noche sin luna llena,
el tiempo que aquí quedó
huérfano de tu presencia,
mas si tan crudo dolor
ha de ser tu última siembra
yo seré el parco zurrón
en que reposar la esencia,
mas si todo lo que ahora soy
fue parte de tanta herencia,
volar hacia donde voy
ya me valió tu presencia.
Serás recuerdo y razón,
serás brisa y serás leña
serás orballo al albor
de cada mañana nueva.
Serás esa eterna lección
en que sentar la cabeza,
callada, pero con voz,
susurrante, pero eterna.

MI INSPIRACIÓN

Amanece, despierta, levanta,
renace tu voz con el alba,
camina de nuevo a mi lado
después de otra noche callada.
Despide el temor que soñaste,
el cruel carcelero del alma
que huraño te ataba dormido
a aquello que antaño anhelabas.
Despierta por fin tu mañana,
fugaz es el tiempo vivido,
eterno el que te hace su esclavo
capaz de vivir escondido.
Despierta entre cálidos vientos
que mecen tus mechas doradas
llevando tu vida desnuda
con todo ese peso a la espalda

MI PADRE

Mi padre a mí me enseñó
desde que mi tiempo es tiempo
que he de vivir con pasión
el valor de los momentos,
que aquello que comenzó
con juegos, risas y anhelos
será el inicio del guion
del futuro que yo quiero.
Mi padre a mí me enseñó
desde que vive en mi vida
que todo aquello que soy
se guardará en mi mochila
y subirme a ese vagón
en que elegir mi deriva
rendirá por lo que soy
y que el futuro decida.
Y es que cargado de amor,
de humildad y de justicia,
es mi padre mi tutor,
mi báculo y mi alegría,
el espejo en que buscar
el reflejo de mis días
y los valores que harán
de su bandera la mía.
Él es sandalia y zurrón,
y el horizonte que atisba
desde la humilde razón
mi mirada agradecida.

POR DENTRO

Me queman por dentro
aun siendo mis sueños,
mil mundos perdidos
en los que navego.
Son los que me ahogan
y en los que me encuentro
cada corto instante
en que me libero.
Me siento tan lleno
de mundos tan bellos,
de miles de instantes
en los que me envuelvo
que siento mi vida
tan viva por dentro
que no alcanzo a asirme
al mundo que tengo.
Me veo entre montañas
que apuntan al cielo,
en verdes hayedos
y prados eternos,
en miles de nubes
que adornan el cielo
con halos de tules
entre los que vuelo,
rocíos infinitos
de toques etéreos,
brumosas mañanas
que huelen a fresco.

Este es mi suplicio
y es lo que me llevo
de todo ese mundo
que roba mi aliento.

Esto es lo que es mío,
todo lo que tengo,
todo cuanto he sido
la verdad que quiero.

QUÉ CERCA TE SIENTO

Qué cerca te siento
en tan inmenso universo,
en tan sublime cadencia
que me supone mi tiempo,
tanta esencia es la que tengo
cuando te siento tan dentro
que solo tu yo más puro
consigue arrullarme entero,
tanto es todo lo que anhelo
al sentir lo que ahora siento
que pierdo aquello que encuentro
en instantes tan eternos,
tanto me invades, mi cielo,
cuando somos un solo ego,
que siento enorme tu falta
cuando de ti yo me alejo.

REBOSANTE VACÍO

Tengo todo cuanto quiero
y todo lo siento lejos,
tanto escapa de mis dedos
que no consigo entenderlo.
Todo se evade de dentro
y sin remedio lo pierdo,
todo es parte y es entero
y es un pedazo de mi ego.
Entre todo lo que siento
y allá donde me lo encuentro
hay un páramo infinito
tan lleno de quebraderos
que no concibo el sentido
de semejante tormento,
el porqué de este martirio
cuyo dolor voy viviendo
para al fin verme vencido
y hundido en el desconsuelo
en que me encuentro perdido,
cuando por fin ya me encuentro.

RECUERDO

Hoy quiero regalarte una canción,
el llanto de la pena que he sentido,
el más tenue latido que he vivido
desde lo más profundo en donde estoy.
Hoy solo quiero verte, solo hoy,
para poder sentir que te he querido,
para ignorar aquello que he sufrido
viviendo sin vivir lo que ahora soy.
Hoy voy a devolverte lo prestado,
los cientos de ilusiones de mi vida
que aún hoy guarda el cajón de mi mesilla
y encuentro cuando no te veo a mi lado.
Hoy pienso que encontrarte en mi camino
fue un soplo de aire fresco entre mis dedos,
fue el viento que dio impulso a mi velero
y así ser capitán de mi destino.
Hoy creo que en lo profundo de mí mismo
será la eternidad de tu memoria
que inmensa se me muestra a todas horas
aquella que me rompa en pedacitos,
y ahora al suspirar por tus suspiros
veré pasar tu luz hora tras hora
fugaz como el instante del que asomas
fingiendo que no ves lo que yo he visto.

REENCUENTRO

Embaucado entre silencios,
bajo luces de colores,
enredando el firmamento
mil docenas de arreboles
encontré aquello que anhelo,
todo un mundo de ilusiones
perdidas entre mis sueños
dormidos en mi horizonte.
Qué sensaciones me invaden,
qué placer el que se esconde
entre los viejos anhelos
guardados entre reproches.
Cuánto siento al encontrarme,
cuánto me llevo de golpe
cuando veo que en ese instante
vuelvo a ser el que fui entonces.

SI FALTARAS

Si mi padre se marchara
mi vida daría tres vuelcos:
el primero sería mi alma,
el segundo cada aliento
que asfixiaría mis mañanas
y el tercero todo mi ego
derribado cual muralla
que me haría nacer de nuevo
hundido y lleno de rabia,
desentrañado por dentro,
nublada y fría mi mirada,
acabado entre lamentos
y perdido en mi mañana
revolcado en el tormento
al perder entre sollozos
cada abrazo que me dabas.
Todo ese inmenso calor
que reflejas, que regalas
es la luz que encuentro hoy
cada vez que tú me abrazas.

SI PUDIESE

Si este tiempo no borrara mi memoria,
si un segundo fuese todo eternidad,
si con todos los recuerdos de mi historia
desnudase toda mi felicidad
buscaría en el trasfondo, entre mis sombras
cada vez que no pudiese caminar,
soñaría con todo aquello que me asoma
cuando busco mi perdida identidad.
Desearía recorrer lo que he heredado
para sentir que el viento ruge a mi merced,
para llorar las aventuras que hoy extraño,
para explorar de nuevo cada amanecer.

SUEÑO

Hoy la mañana es ventosa
entre la bruma y la escarcha;
Se vuelven locas las hojas
que juegan enmarañadas,
hoy mi adorada *cadela*
sueña entre juncos y ramas
derrotando al viento mientras
se burla de la hojarasca.

Estúpido y libertino
es el aire entre las ramas
que desde el cielo dolido
el sentido me arrebata
embargando lo que es mío
para llevarlo en volandas
hacia cielos infinitos
que al infinito me arrastran.

TU HERENCIA, MI TIEMPO

Cansado de perderme entre los años
que juntos disfrutamos tanto tiempo,
cansado de llorar nuestro pasado
que amargo veo pasar cada momento,
cansado de sentirme tan extraño
al verme derrotado desde dentro,
hoy quiero renacer por ti de nuevo,
vivir cual si estuvieras a mi lado.
Solo pretendo convivir con tu presencia
para volver a ser feliz con esa esencia
en que sentir que aún hoy te tengo entre mis brazos,
solo alejado de la pena en la que me hallo
veré abocado ese destino que me has dado
a que tu pérdida no borre mi conciencia.

TÚ

Hoy tu viento ya no me ahoga,
hoy me veo resplandecer
entre nubes y entre sombras,
entre tu piel y mi piel;
Hoy siento que no me sobras,
hoy te extraño sin querer,
me faltas a todas horas
como la mar al bajel.
Hoy te encuentro en cada sombra
escondida por doquier
detrás de todo tu aroma
asoma mi atardecer.
No pienso soltarte ahora
que te tengo a mi merced,
todo aquello que desbordas
es lo que puedo perder.
Por tanto aquí, entre las sombras,
en este ser o no ser
renegaré de mi ahora
entre el antes y el después;
Por tanto aquí mi memoria,
solo si tú lo ves bien,
devolverá esas historias
que nunca debí perder.

VOLVERÉ DE NUEVO

Solo te sentiré cerca
si me ves parte de ti,
si me absorbe tu mirada,
si pienso que estas en mí.
Compartiré tanta esencia
entre tanto frenesí
que tu tenue voz callada
se volverá mi arlequín.
Toda mi pobre presencia
se volverá fuego al fin
cuando me robes el alma
con tus ojos de rubí,
y entonces, vacío de penas
en mi interior más sutil,
encontraré que se acaba
el dolor en que viví.
Y entonces cuando te vea
entre todo lo que fui
como voz entre dos aguas
te lo volveré a pedir.

VAGANDO

Perdido en la bruma de tanto invierno,
vagando sin rumbo, solo y con miedo,
buscando una roca a la que asirme
tras tanta derrota de tanto envite.
Llorando entre nubes de desaliento,
perdido entre miles de sufrimientos
me encuentro mudo, casi sin habla,
hundido y confuso entre dos aguas.
Me siento abatido, decepcionado,
casi vencido, casi humillado.
Me faltan gotas para llorarme,
cientos de historias en que encontrarme.

VIVIR

Cuánto coraje infunde la vida
luchado y perdido tras tanta derrota,
cautiva se inunda de mil agonías
esa luz tan bella que amarga se borra.
En ella percibo entre negras sombras
de la noche oscura y de su luna rota
que ese sinsentido, la pena sin gloria
es la amarga cara que al alma le ronda.
Y así desgarrada entre mil historias
veré la esperanza desnuda y borrosa,
nublado el reflejo, más triste y más sola.
El mínimo atisbo de ese sol que asoma
será cada impulso, la luz con que aflora,
el brillo más puro de cada victoria.

ENTRE EL AYER Y EL MAÑANA

Cuánto amor el repartido
en tanta vida entregada,
tanto fervor compartido
que roce el sol con las alas,
cuánto nublas mis sentidos
al deshacerme rendido
a tus cadenas más dulces
en mi lánguido camino.
Hoy siento cómo reflejas
tu mirada en mi mirada
al presentir que te alejas
entre el ayer y el mañana,
hoy mi miedo vive asido
al tiempo que así me engaña,
me deja solo y hundido,
huérfano de la palabra,
hoy comprendo que lo nuestro
se va yendo casi a rastras,
y percibo cuán incierto
se me muestra en la distancia,
pero siento que no es cierto
que se me acabe la vida
con tanto con que me lleno
entre caricia y caricia,
pues resurjo más entero
tan henchido de esperanzas
que todo mi ser cautivo
esclavo es de tu mirada.

ARREBATO

En la infinita paz de este crepúsculo
con el sol del ocaso ante los ojos,
con la paz de la noche en mi retina
me siento calmo,
buscando entre el silencio sensaciones,
cada minuto que me absorbe,
tanta simpleza,
tal pureza entre rumores
que un arrebato
cargado de calor y de sudores
se me derrama en miles de sentencias
que buscan plenitudes
con toda su esencia,
sosiego en mi mirada,
victorias intensas,
sensaciones y anhelos
que mi alma se llevan,
un umbral de quietudes
que de golpe me llegan,
que amanecen al alba
tras la noche más negra.
Es tan místico el aire
que mi piel aquí absorbe,
tan etéreo el bagaje
que disipa mi nombre
que el desear cada día
admirar tal hazaña
me acaricia la vida
solo viendo el mañana,
y el sentir que soñarla,
solo el ver que me embarga
es mi fe en las caricias
de esas brisas que me hablan.

ME PIERDO

Me pierdo cuando anochece,
cuando libero mi mente,
cuando siento que a lo lejos
la oscuridad me sostiene.
Me pierdo si no me encuentro
entre tanto subconsciente,
en lo superfluo que vivo
que en lo profundo enmudece.
Tanto me pierdo por dentro
cuando me busco insistente
que lo que encuentro es olvido
en un mar indiferente.
Siento que todo el presente
se retrata en mi delirio
y cargado de locura
me refugio en el hastío.
Tanto vacío se derrama
solitario en mi inconsciente
que de la vida me llevo
la oscuridad de mi mente,
tanto vacío es el que siento
desbordado de repente
que, derrotado, el abismo
me devora y me envilece.

QUÉ TIEMPOS

Qué tiempos aquellos, qué tiempos,
henchidos de todo,
docenas de historias y miedos
cargados a hombros.
Qué tiempos aquellos, primeros,
dorados retoños
repletos de sueños hambrientos
sin rumbo, a lo loco.
Qué tiempos que se han ido yendo
cargados de arrojo
vividos sin tregua y sin miedo
entre risa y lloro.
Cuán suma nostalgia presiento
que me roce el hombro
en tantos y tantos momentos
del tiempo que robo,
cuán grueso zurrón el que llevo
cargado en mi lomo,
recuerdos de un yo que venero
como mi tesoro.

PASADO

Qué viejos inviernos
declaran mi credo,
me aclaran dilemas
de lo que me encuentro,
de tantos amigos
que añoro tan lejos,
de aquello que incierto
me rompe por dentro,
de todo ese sueño
que es remordimiento,
que olvidé callado
entre tantos miedos,
aquello que oteo
cada vez que anhelo
la vieja osadía
que yo ya no tengo,
aquel laberinto
en el que me pierdo,
en el que deliro
lo que llevo dentro.

SOLO SE VIVE UNA VEZ

Si el atardecer llegara
con cada espina en mi piel,
si el aliento se acabara
con el último traspiés,
si cada grito que vivo
me hiciese palidecer
mi vida nunca habría sido
la singladura que fue.
En cada brizna de hierba,
en la brisa que robé,
entre montañas y valles,
en tanto a que me entregué,
en todas las primaveras
en las que me vi crecer
y en las nubes que se alejan
cuando empieza a atardecer
encuentro aquella nostalgia
que pone el mundo a mis pies
en el ínfimo universo
que me toca recorrer.
Solo siento que en el alma
solo se vive una vez,
que la locura se acaba
con la emoción en la piel,
que la luna nos envidia
cada nuevo amanecer
si cada tiempo vivido
se amordaza a nuestra piel.
Solo creo que es mi delirio
la intensidad que encontré
en todo lo que he sufrido
y en aquello que logré,
en experiencias de antaño,

en tanto que me llevé,
en el camino vivido
que me devuelve la fe.

SOLO

Resignado y solo
disfruto en silencio
tanto que recojo
tras todo mi tiempo;
tan profundo y mío
que me envuelve entero,
me duerme vacío
y me despierta lleno.
Todo lo que tengo
guardado tan dentro
me vuelve infinito
en cuanto amanezco
y entonces consigo
que aquello que quiero
devuelva al olvido
el hastío primero.

TUYO

Rodearás mi perfil con tu ternura
rebosante, eso sí, de cercanía
declinando nota a nota en cada rima
todo el verso que recita tu locura.
Cobrarás cada minuto de tu vida
rebuscando en el reloj de mi pasado,
desbordando sobre mí cada retazo
para así tenerme asido cada día.
Volverás a serle fiel a mi osadía
recordando nuestro huir entre legajos,
tanta estrofa repartida en mil relatos
que tan juntos releemos entre líneas,
y así, al fin, encontraremos la rutina
que nos haga volver juntos al pasado
para unidos encontrarnos paso a paso
en la senda en que cruzamos nuestras vidas.

Este libro se publicó
en el mes de junio
del año 2024